GRANDEURS ET GLOIRES
DE LA FRANCE

ET DE LA
MAISON DE BOURBON.

CHUTE DES BOURBONS

ET

DÉCADENCE DE LA FRANCE.

Par RENAUD.

PARIS.

DESLOGES, ÉDITEUR, RUE SAINT-ANDRÉ-DES-ARTS, 39.

—

1849.

GRANDEURS DE LA FRANCE

ET DE LA

MAISON DE BOURBON.

La République est un fait accompli, personne ne conteste le droit qu'a eu le peuple de renverser une monarchie bâtarde, exploitée, pendant dix-sept ans, par des fripons et par des roués. Certes, j'ai été le premier, le 24 février, à applaudir à la chute d'un trône sur lequel était assis un usurpateur ; mais, parce que Philippe, faux roi (1), a mérité toutes les espèces d'anathèmes par un règne plein de vols, de lâchetés et de mensonges, il ne faut point pour cela être injuste à l'égard de

(1) Il serait injuste d'accuser Louis-Philippe des vols, des lâchetés et de toutes les fautes de son gouvernement ; on ne doit en accuser que la révolution de juillet qui avait renversé le principe de la légitimité, sans lequel la France ne sera jamais bien administrée, bien gouvernée, quels que soient le talent et les vertus du chef de l'Etat ; ce n'est donc pas aux hommes qu'il faut s'attacher, mais bien aux principes.

(*Note de l'éditeur.*)

la longue série de rois qu'a eue la France au point de la maudire : ce serait insulter et maudire l'histoire elle-même. Nous ne datons pas seulement de 93 et de 1848, et nous devons reconnaître tout ce que nous avons reçu en particulier de prospérité et de gloire d'une illustre famille dont le dernier rejeton, soumis aux desseins de la Providence et résigné aux chagrins de la proscription, s'agenouille en ce moment sur le sol de l'étranger pour adresser des vœux et des prières au ciel et attirer les bénédictions de Dieu sur la chère patrie qu'il pleure.

Défiez-vous de ces hommes qui, déchirant d'une main impie et sacrilége la plus grande partie de nos annales, ne voudraient les faire commencer, comme dignes de notre admiration, que du jour où la démocratie a enfanté ses héros : ce sont d'aveugles ingrats qui nient le berceau de la France, ce sont des parricides qui tuent la mémoire de leurs ancêtres.

Je veux dans cette feuille, dédiée au peuple, tracer le tableau, aussi bref et aussi complet que possible, des vertus et des actions sublimes des rois de France, depuis Hugues Capet, qui fut lui-même un grand homme. Qu'on n'oublie pas que c'est un bon Français qui écrit, et ne veut, par ce travail, que protester, pour l'honneur même de la France, contre ces écrivains et ces politiques qui n'ont que des injures contre les Bourbons, comme si on ne pouvait pas depuis 1848 être un parfait démocrate, en convenant de la piété de Saint-Louis, des qualités chevaleresques de François Ier et de Henri IV, de la bonté de Louis XII et du génie de Louis XIV.

Tout le monde a lu la célèbre brochure du vicomte d'Arlincourt : *Dieu le veut*, brochure traduite dans toutes les langues de l'Europe. Eh bien ! écoutons l'illustre écrivain lorsqu'il parle des rois de France.

« La France a été monarchique depuis qu'elle
« existe. Ses mœurs se sont formées, le long des
« siècles, sous de royales bannières ; et son prin-
« cipe de gouvernement héréditaire, approprié à
« ses idées comme à sa nature, a développé con-
« stamment une force si féconde, que chaque sou-
« verain, peu à peu, agrandissant le territoire, a
« porté la France à un degré de puissance et de
« prospérité qui en a fait la première des nations.

« Or, un grand peuple est comme rivé à son
« passé, quand ce passé a fait sa gloire ; la royauté
« avait pu faire des fautes : quel est le gouvernement
« qui n'en saurait commettre ? La royauté avait
« de vieux abus à détruire et de jeunes renou-
« vellements à s'imposer ; elle avait, comme toute
« chose, à obéir aux exigences du temps : mais

« le progrès n'est pas un changement et ne com-
« mande point une révolution ; en écoutant la sa-
« gesse, on devait améliorer la monarchie ; en
« écoutant la justice, aurait-on dû la détruire !

La voix de M. d'Arlincourt a retenti d'un bout
du monde à l'autre ; et son livre, qui a fait une
véritable révolution dans les esprits, a fait des con-
versions étonnantes. Nous citerons encore le pas-
sage éloquent de *Dieu le veut*, sur les bienfaits de
la monarchie française.

« Parmi les grands citoyens nés sur le sol sa-
« cré de la patrie, un seul compte 65 rois parmi
« ses aïeux ; un seul a vu sa race se mêler d'une
« manière si intime à tout et à tous, que l'histoire
« de ses ancêtres est devenue celle du pays. Celui-
« là, en outre, est sans tache.

« Douze siècles passés de hauts faits et d'hon-
« neur rayonnent autour de sa jeune tête. Re-
« nouant la chaîne des traditions françaises, il lie
« le passé au présent et à l'avenir. Ses pères et
« les nôtres ont combattu ensemble sur mille
« champs de bataille. Ensemble ils ont porté par
« toute l'Europe le formidable et glorieux nom
« de France ; à Tyr, à Tibériade, à Ptolémaïs, à
« Antioche, en Asie, en Afrique, ils ont bravé
« ensemble la mort pour leur patrie et pour leur
« Dieu ; ensemble, expulsant l'Anglais du terri-

« toire national, ils ont, hardiment, de leur épée
« découpé la carte de France ; ensemble, enfin,
« ils ont fait du modeste patrimoine de Clovis le
« plus beau royaume qu'éclaire le soleil.

« Mais ce n'était pas encore assez que de nous
« donner la suprématie et la gloire, la monarchie
« française nous donna l'indépendance et la li-
« berté. Ce fut elle qui affranchit les communes,
« et ce fut elle qui, prenant constamment parti
« pour le peuple contre les grands vassaux, vain-
« quit la féodalité.

« Ce fut elle aussi qui restaura les arts, qui
« encouragea les lettres, et qui plaça la France
« poétique au premier rang des nations, comme
« l'était la France guerrière (1).

« La civilisation a marché parmi nous sur une
« ligne parallèle avec la royauté ; aussi la première
« fut frappée toutes les fois que la seconde suc-
« comba.

« Que l'ignorance brutale ou les intérêts privés
« s'acharnent à décrier cette grande lignée de
« têtes couronnées auxquelles notre pays a dû sa
« gloire, cela se conçoit et s'explique. Mais la

(1) Qui oserait dire que sous la royauté la presse
n'avait aucune liberté, lorsqu'au 16e siècle on publiait
les écrits de Montaigne, au 17e les pensées de Corneille,
au 18e les livres de Voltaire ?

« saine partie de la France, de la nation la plus
« éclairée de l'univers sait parfaitement aujour-
« d'hui rendre justice à tout ce qui a été grand
« et digne d'elle. La terre de l'héroïsme ne sau-
« rait être celle de l'ingratitude.

« *Domocratie ! aristocratie !* C'est avec ces
« mots, souvent incompris de ceux qui s'en ser-
« vent, qu'on attaque la monarchie. Mais une
« *démocratie*, régnant à la façon des niveleurs de
« l'époque, ne fonderait pas plus une société que
« des grains de sable ne dresseraient un édifice.
« Quant à l'*aristocratie*, chacun en peut faire
« partie sous une royauté qui appelle tous les mé-
« rites et récompense tous les services. Or, la
« chance de s'élever dans une monarchie est bien
« plus flatteuse là où il y a des échelons à gravir,
« que la certitude d'être l'égal de tout le monde
« là où personne n'est quelque chose.

« Lorsqu'on sort du principe de l'hérédité,
« choisir c'est exclure. Car à côté du citoyen porté
« au pouvoir se trouvent des citoyens tout aussi
« dignes d'être préférés ; là où chacun a des droits
« à peu près semblables, chaque droit prépare un
« orage ; et chaque orage, des désastres. On n'a
« jamais de liberté là où le prochain est trop li-
« bre. Quant à *l'égalité* absolue, rien d'élevé ne
« saurait se faire sous ce régime où toute supré-

« matie est proscrite. La nature, en ses œuvres
« admirables, ne procède que par contrastes, op-
« positions, différences ; et ce n'est que par *l'iné-*
« *galité* qu'elle fait des grandeurs, des harmonies,
« des merveilles.

« N'oublions pas que, presque toujours, renou-
« veler c'est détruire. Qu'ils sont tristes les temps
« où l'ordre ne peut s'établir qu'à coups de dé-
« sordre, où la justice prétend se faire avec de la
« révolte, et où la liberté ne se dit possible qu'ap-
« puyée sur la tyrannie !

« Le cachet des révolutions, semblable à celui
« de l'erreur, est presque toujours l'impuissance ;
« les maximes de renversement ne peuvent de-
« venir créatrices ; la destruction étant leur arme,
« la dissolution est leur fin.

« Quant à la royauté, un roi ne se fait point en
« France, il est tout créé par les temps ; être idéal
« bien que positif, il se compose de siècles et de
« traditions ; il a son origine dans les décrets du
« passé, son existence dans les habitudes du pays,
« sa perpétuité dans les bienfaits de la monarchie.

« L'usurpation n'est pas plus la royauté que le
« feu de la tempête n'est la lumière du jour ; l'un
« est éclair, l'autre est soleil. »

T, 36e roi, 1er des Capets. — 987, régna 10 ans.

Hugues Capet. — Tous les historiens s'accordent à dire qu'il ne dut sa couronne qu'à son courage et à ses rares qualités politiques. La nation fut unanime à le proclamer; il mourut après une vie laborieuse, employée à relier sous sa puissance les diverses provinces du royaume, qui étaient divisées entre les seigneurs féodaux.

II. — 996, régna 35 ans.

Robert-le-Pieux. — Ce bon et savant prince fut l'ami et le père des pauvres; on cite de lui une foule de traits admirables. Il réunit la Bourgogne à la France.

III. — 1031, régna 29 ans.

Henri Ier. — Prince aussi généreux que grand capitaine, il vainquit son frère qui avait levé l'étendard de la révolte et lui pardonna. Pendant toute la durée de son règne, il ne cessa point de mériter le titre de roi juste.

IV. — 1060, régna 48 ans.

Philippe Ier. — C'est sous ce règne qu'eut lieu la première croisade contre les barbares de l'Orient, qui faisaient subir les plus horribles traitements aux chrétiens, que leur piété conduisait en pélerinage aux lieux sanctifiés par la vie et la mort de Jésus-Christ, l'homme-Dieu. Cette première expédition fut le signal de plusieurs autres du même genre, qui portaient notre civilisation en même temps que nos armes chez un peuple soumis aux lois sauvages de Mahomet. Il réunit le Berry à la France en 1080.

V. — 1108, régna 29 ans.

Louis-le-Gros. — Il est le premier qui ait entrepris de donner à la France un gouvernement digne de ce nom. Dès qu'il fut en état de monter à cheval, il poursuivit ceux des seigneurs qui, du haut de leurs donjons, se répandaient pour rançonner les campagnes. Toute sa vie il eut les armes à la main, courant partout où les opprimés réclamaient son secours, et payant de sa personne comme un simple cavalier. Quand il eut rangé à la raison la plupart des tyrans, il entreprit de rétablir l'ordre ; il accorda aux villes des chartres de communes, qui, en les déclarant libres, leur permettaient de se choisir des maires et des échevins pour juger leurs procès entre eux, et maintenir la police ; par ces bienfaits Louis-le-Gros mérite d'être regardé comme ayant planté les premiers jalons des libertés dont nous jouissons aujourd'hui. Le monarque, garant des chartres de communes, prononça sur les différends qui survinrent entre les villes et les seigneurs ; il constitua l'usage d'appeler en plusieurs cas à ses juges des sentences rendues par les officiers seigneuriaux ; il envoya des commissaires pour éclairer la conduite des juges. Qu'on nous dise si beaucoup de nos faux républicains consentiraient à mourir, comme ce prince, couché sur un tapis qu'il avait fait étendre à terre et couvrir de cendre ! Au moment d'expirer, il dit ces belles paroles à son fils : « N'oubliez pas, mon fils, que l'autorité royale est un fardeau dont vous rendrez un compte exact après votre mort. »

Le grave historien Hénault nous apprend que Louis-le-Gros était un prince recommandable par la douceur de ses mœurs, et par toutes les vertus qui font un bon roi.

VI. — 1137, régna 43 ans.

Louis VII, *dit le Jeune.* — Toute sa politique consista à affranchir le peuple du joug des seigneurs féodaux ; il s'appelait leur défenseur naturel. Il fit en personne la deuxième croisade. Ne pouvant, comme il le désirait, extirper de son royaume les filles publiques, il voulut au moins qu'elles fussent marquées par un sceau caractéristique d'avilissement ; il défendit par un édit qu'elles portassent des ceintures dorées comme les honnêtes femmes, ce qui donna lieu au proverbe : *Bonne renommée vaut mieux que ceinture dorée.* Certes, à notre époque, où l'on affiche si fort un grand zèle pour les bonnes mœurs, nos gouvernants n'oseraient pas prendre une pareille mesure.

VII. — 1180, régna 43 ans.

Philippe II, *surnommé Auguste.* — Sa jeunesse fut chaste et grave; il puisa dans l'éloignement des plaisirs un courage digne d'un héros. Après avoir abaissé l'orgueil des Anglais, il profita de la paix dont jouissait son peuple pour réprimer les révoltes des seigneurs, chasser les comédiens comme une source de corruption et de désordre, et ordonner des peines contre les blasphémateurs de la divinité. Il fit paver les rues et les places publiques de Paris, qui jusque-là n'étaient que des cloaques, et réunit dans l'enceinte de la capitale une partie des bourgs qui l'environnaient. Paris fut fermé par des barrières avec des tours. Les juifs exerçaient depuis longtemps en France des friponneries horribles, Philippe les chassa de son royaume et déclara ses sujets quittes envers eux. Que n'avons-nous un Philippe-Auguste à la tête du pouvoir, aujourd'hui que les juifs dévorent par l'usure les pauvres artisans des villes et des campagnes !

Le nom de ce grand prince ira à la postérité la plus reculée : c'est lui qui remporta la célèbre victoire de Bouvine contre le roi d'Angleterre, ligué avec Ferrand, comte de Flandre, et l'empereur Othon IV. Il réunit à la France le Maine, l'Anjou, la Touraine, la Normandie et le Poitou, fruit de ses conquêtes.

Philippe-Auguste fut plus qu'un conquérant, il fut un grand roi, un grand politique, magnifique dans les actions d'éclat, économe en son particulier, exact à rendre la justice, et toujours porté à secourir les indigents. Il fut regretté par ses sujets comme un puissant génie et comme le père de la patrie.

VIII. — 1225, régna 3 ans.

Louis VIII. — Il mérita par son intrépidité le surnom de *Lion :* c'était le Murat du 13e siècle. Henri III, roi d'Angleterre, au lieu de se trouver à son sacre comme il le devait, osa bien lui envoyer un ambassadeur pour lui demander la restitution de la Normandie. Louis VIII ne lui répondit qu'en partant aussitôt avec une armée, résolu à chasser les Anglais loin du sol de la France. Il prit sur eux Niort, Saint-Jean d'Angely, le Limousin, le Périgord. Il ne fut arrêté dans sa généreuse entreprise que par la mort qui vint le frapper sur la route de Toulouse. La valeur de Louis VIII, sa chasteté et ses vertus ont rendu son nom immortel. Par son testament il légua cent sous (somme importante alors) à chacune des deux cents léproseries de son royaume. La lèpre était alors une maladie fort répandue.

IX. — 1226, régna 44 ans.

Saint Louis. — Il battit les Anglais à plate couture deux fois : la première, à la journée de Taillebourg, en Poitou, la seconde, quatre jours après, près de Saintes. Ayant entendu dans une grave maladie une voix du ciel qui lui commandait d'aller secourir les malheureux chrétiens d'Orient, il équipa une flotte, embarqua des troupes et partit. Deux fois il battit les infidéles d'une façon éclatante. A la fin, la fortune et les maladies trahirent ses armes généreuses, et il fut fait prisonnier. Louis parut dans sa prison aussi grand que sur le trône ; les Musulmans ne pouvaient se lasser d'admirer sa patience et sa fermeté à refuser ce qu'il croyait indigne de lui ; aussi lui disaient-ils : « Nous te regardions comme notre captif et notre « esclave, et tu nous traites dans tes fers comme « si nous étions tes prisonniers. » On osa lui proposer de donner une somme excessive pour sa rançon, mais il répondit aux envoyés du sultan : « Allez dire à votre maître qu'un roi de France

« ne se rachète pas pour de l'argent ; je donnerai
« cette somme pour mes gens et Damiette que
« j'ai conquis pour ma personne.

Il paya en effet 400,000 livres pour leur rançon.
Revenu à Paris, il fut visité par Henri III d'Angleterre, qui lui dit ces propres paroles, genoux
en terre : *Vous êtes mon seigneur et vous le serez
toujours.* De nouvelles campagnes illustrèrent encore son nom et couronnèrent sa mort, qui eut lieu
non loin de Tunis dont il venait d'emporter le
château. Il expira sur la cendre avec la ferveur
d'un anachorète et le courage d'un héros. Le
monde et l'église le célèbrent comme un grand
homme et un grand saint, remarquable par la pu-
reté de ses mœurs, la régularité et l'austérité de
sa vie, son zèle pour la justice, sa charité envers
les pauvres, les infirmes, les gens sans appui, en
un mot par toutes les vertus chrétiennes et héroï-
ques. Saint Louis a attaché son nom à des lois
pleines de la plus profonde et de la plus pater-
nelle sagesse. Il a bâti un grand nombre d'hôpitaux.

X. — 1270, régna 15 ans.

PHILIPPE III, dit *le Hardi.* — Proclamé roi
en Afrique après la mort de saint Louis, il remporta, à l'exemple de son père, plusieurs avantages marquants sur les infidèles. Les qualités de

ce prince furent la valeur, la bonté, la libéralité, l'amour de la justice et de la religion. Son règne sera éternellement mémorable par la journée des *Vêpres siciliennes*, où l'on vit la fureur de nos ennemis poussée à ce point que des pères ouvrirent le ventre de leurs filles pour y rechercher les fruits de l'amour qu'elles avaient eu pour des Français. Il réunit le Languedoc à la France en 1203.

XI. — 1285, régna 29 ans.

Philippe IV, dit *le Bel*. — Prince brave, il réunit le Forez, le Lyonnais et la Champagne, en 1313, au domaine royal.

XII. — 1314, régna 2 ans.

Louis X, dit *le Hutin*, ainsi nommé à cause de son caractère audacieux et batailleur, rendit la liberté à tous les serfs de ses domaines.

XIII. — 1316, régna 6 ans.

Philippe V, dit *le Long*, fut l'auteur d'un grand nombre de sages ordonnances; au moment où la mort vint le frapper, il se proposait d'établir l'uniformité des poids et mesures dans son royaume.

XIV. — 1322, régna 6 ans.

Charles IV, dit *le Bel*, avait un grand zèle pour la justice.

XV. — 1328, régna 22 ans.

Philippe VI de Valois. — C'est sous son règne que commença entre la France et l'Angleterre la fameuse guerre de cent ans. Il réunit le Dauphiné à la France.

XVI. — 1350, régna 14 ans.

Jean-le-Bon. — Les qualités de ce prince furent la bravoure, la fidélité, la franchise : ce fut lui qui prononça ces belles paroles : « Si la foi et la vérité « étaient bannies du reste du monde, elles de- « vraient se trouver dans la bouche des rois. » Il réunit la Bourgogne et la Bresse à la France.

XVII. — 1364, régna 16 ans.

Charles V, dit *le Sage*. — Ce fut autant par sa prudence politique que par sa bravoure et son habileté guerrière, qu'il parvint à reconquérir les provinces perdues sous les règnes précédents. Le fait le plus important qui signala son règne fut l'expulsion des Anglais. Guidés par les sages conseils de leur roi, les illustres du Guesclin et Olivier de Clisson remportèrent de grands avantages sur ces éternels ennemis de la France. Charles V, ami des lettres et propagateur zélé des lumières, fonda la bibliothèque royale. Il conquit le Poitou, la Saintonge, l'Aunis et le Limousin en **1368.**

XVIII. — 1380, régna 42 ans.

CHARLES VI, dit *le Bien-Aimé*. — Il gagna la bataille de Rosbeck, et promettait toute une vie de hauts faits, lorsqu'il fut frappé d'aliénation mentale. Il est donc innocent des malheurs qui accablèrent la France sous son règne.

XIX. — 1422, régna 39 ans.

CHARLES VII, dit *le Victorieux*. — A l'avénement de Charles VII, les Anglais étaient maîtres d'une grande partie du royaume. Orléans, la dernière place qui restât au roi, était sur le point de tomber au pouvoir de nos ennemis, lorsque l'arrivée d'une jeune fille suscitée de Dieu changea tout à coup la face des choses. On connaît l'histoire de Jeanne d'Arc, dite la *Pucelle d'Orléans*. Cette héroïne parvint à délivrer complétement sa patrie des invasions anglaises. Charles VII employa les dernières années de son règne à réparer les maux de la nation : sa mémoire a mérité les éloges de l'histoire. Il réunit à la couronne la Guyenne, la Gascogne et le Périgord en 1440.

XX. — 1461, régna 22 ans.

LOUIS XI. — On a reproché bien des fautes à ce prince ; nous ne voulons point l'en absoudre. Mais, s'il fut un tyran, son règne n'en eut pas moins de bien grands et de très-utiles résultats. On peut, sous ce point de vue, l'opposer avec avantage à un grand nombre de héros révolutionnaires, de chefs de l'anarchie, qui furent simplement scélérats, sans montrer aucune grande qualité et sans accomplir aucune action illustre. Louis XI était brave, politique profond, et doué au plus haut degré du génie des affaires. Il écrasa la féodalité qui opprimait le peuple, réunit douze provinces à la couronne, institua la poste aux lettres et favorisa de tout son pouvoir l'imprimerie inventée depuis peu par Guttemberg.

XXI. — 1485, régna 14 ans.

CHARLES VIII, dit l'*Affable et le Courtois.* — Célèbre par ses conquêtes en Italie. Sa bonté et sa douceur étaient sans égal ; il était si tendrement aimé de ses domestiques, que deux tombèrent morts en apprenant qu'il venait d'expirer. Dans le temps qu'il était dans la ville d'Ast, il trouva le soir en se retirant dans son appartement une jeune fille fort belle, que d'infames courtisans lui avaient achetée. Cette fille le supplia les larmes aux yeux de sauver son honneur. Le roi fit venir ses parents, et ayant su que la pauvreté les avait obligés à la vendre, il paya sa dot et la renvoya pénétrée de respect et de reconnaissance. Qu'on compare cette action avec celle de ces proconsuls de 93, qui guillotinaient les pères et les mères après avoir abusé de leurs filles !

XXII. — 1498 , régna 17 ans.

Louis XII, *Père du peuple.* — Un historien l'a peint par ces paroles simples et éloquentes : *Il soulagea le peuple et pardonna à ses ennemis.* Un jour que des courtisans lui conseillaient de se venger de Louis de La Trémouille : *Ce n'est pas, dit-il, au roi de France à venger les injures du duc d'Orléans.* Ses campagnes en Italie furent toujours glorieuses si elles ne furent pas toujours heureuses. C'était un bon roi, un prince humain et équitable. Quand il allait à la guerre, il se faisait suivre de quelques hommes vertueux et éclairés, chargés, même en pays ennemi, d'empêcher le désordre et de réparer le dommage lorsqu'il avait été fait. L'Alviane, général des Vénitiens, ayant été pris à la bataille d'Aignadel, fut conduit au camp français où, loin de se montrer touché de l'humanité de son vainqueur, il affectait une humeur brusque et dédaigneuse. Louis se contenta de le renvoyer au quartier où l'on gardait les prisonniers : « Il vaut mieux le laisser, dit-il, je « m'emporterais et j'en serais fâché. Je l'ai vaincu, « il faut me vaincre moi-même. »

XXIII. — 1515, régna 32 ans.

F**RANÇOIS** Ier. — Grand guerrier, grand prince, conquérant fameux. Son amour pour les sciences et les arts lui mérita le nom de *Restaurateur des lettres*. Il s'appliqua à multiplier les sources de l'instruction, attira à sa cour un grand nombre d'hommes de lettres et d'artistes célèbres, fonda l'imprimerie royale et le collége de France, bâtit le château de Fontainebleau, commença le Louvre, accorda enfin sa protection à tous les hommes de mérite, et réunit la Marche, l'Auvergne et la Bretagne à la couronne de France.

XXIV. — 1547, régna 12 ans.

H**ENRI** II. Ce prince s'empara de Calais, qui, depuis 212 ans, appartenait à l'Angleterre. Henri, prince audacieux et brave, mourut d'une blessure qu'il reçut dans un tournoi à l'occasion du mariage de sa fille avec Philippe II. Henri II combattit les huguenots qui ravageaient la plupart des provinces de France, et contribua puissamment à empêcher que ces sectaires barbares enlevassent à la France le catholicisme, qui était alors et qui est encore aujourd'hui la religion nationale. Il réunit la Lorraine à la France.

XXV. — 1559, régna 1 an.

F**RANÇOIS** II. — Comme son père, il fut l'ennemi acharné des huguenots qui conspiraient contre la nationalité française. Il vainquit la conjuration d'Amboise.

XXVI. — 1560, régna 14 ans.

Charles IX. — Les seigneurs huguenots conspirent, ils veulent anéantir l'unité de la France et s'en partager les lambeaux et en former des seigneuries par eux gouvernées. Le roi, qui n'a que 22 ans, est pressé par les hommes de son gouvernement de sauver à tout prix la France de ce démembrement ; on lui propose comme seul moyen de salut le massacre des conspirateurs et des traîtres. Longtemps il résiste, enfin, vaincu et obsédé, il accorde l'ordre qu'on lui demande. Ce massacre des huguenots peut trouver son excuse dans la nécessité, et pourtant je ne le pardonne pas, c'est pour moi le pendant d'un des cinq cents massacres commis par les républicains de 93, tels que ceux de septembre à Paris, des prêtres, des nobles et même des simples bourgeois, qui rendirent cette époque si abominable.

Charles IX a rendu un édit qui faisait commencer au 1er janvier l'année, qui jusque-là ne commençait que le vendredi saint.

XXVII. — 1574, régna 15 ans.

Henri III. — Déjà roi de France, il mérita par

la réputation qu'il s'était acquise à 18 ans par les victoires de Jarnac et de Montcontour de recevoir la couronne de Pologne.

XXVIII. — 1589, régna 21 ans.

HENRI IV.

Je chante ce héros qui régna sur la France,
Et par droit de conquête et par droit de naissance,

a dit Voltaire, qui a composé tout un poëme à son honneur. Ce poëme épique est le seul véritablement digne de ce nom que nous ayons dans notre langue.

Quand Henri IV faisait le siége de Paris, la population de cette immense cité se trouva désolée par une famine, qui devint telle, que les habitants étaient réduits à faire du pain avec des os de morts pulvérisés. Touché du malheur de son peuple, il permit qu'on fît entrer des vivres, disant qu'il aimait mieux n'avoir point de Paris que de l'avoir ruiné par la mort de tant de personnes. Ses victoires, outre celle qu'il remporta sur ses sujets rebelles, sont connues.

Henri IV, pendant tout son règne, s'occupa de fermer les plaies de la France. Pour être secondé dignement dans cette grande entreprise, il avait choisi pour ministre un grand homme, l'illustre et intègre Sully, qui tant qu'il fut aux affaires, s'appliqua surtout à faire fleurir l'agriculture, cette première richesse des états. Le royaume prospéra de jour en jour : l'ordre se rétablit dans les finances, les dettes publiques furent acquittées, les impôts diminués. Henri IV agrandit et embellit la capitale ; il acheva le Pont-Neuf, construisit la Place-Royale, fonda de nouveaux colléges, commença le canal de Briare, encouragea l'industrie et récompensa plusieurs savants et artistes qu'il avait attirés à Paris. Henri IV expira sous les coups d'un assassin, lorsqu'il méditait d'élever encore plus haut la grandeur de la France ; jamais prince ne fut tant regretté, jamais roi ne mérita plus de l'être.

Je ne puis résister au plaisir de citer quelques-unes de ses reparties.

A la bataille de Coutras, en 1587, s'apercevant que quelques-uns des siens se mettaient devant lui à dessein de défendre et de couvrir sa personne, il leur crie : « A quartier, je vous prie ; ne m'offusquez pas, je veux paraître. »

Après la victoire, on lui présente les bijoux et les autres magnifiques bagatelles de Joyeuse tué dans cette journée, il les dédaigne en disant : « Il
« ne convient qu'à des comédiens de tirer vanité
« des habits qu'ils portent ; le véritable ornement
« d'un général c'est le courage, la présence d'es-

« prit dans une bataille et la clémence après la
« victoire. »

Les paysans répètent encore aujourd'hui que le
bon Henri IV voulait qu'ils missent tous les di-
manches la poule au pot.

Il unit à une extrême franchise les sentiments
les plus élevés, une simplicité de mœurs char-
mante, et au courage d'un soldat un fond d'humanité inépuisable. « Je ne puis, disait-il, après
« une victoire, me réjouir de voir mes sujets
« étendus morts sur la place, je perds alors même
« que je gagne. » Quelques troupes qu'il en-
voyait en Allemagne ayant fait du désordre en
Champagne, il dit aux capitaines qui étaient encore à Paris : « Partez en diligence, donnez-y or-
« dre, vous m'en répondrez. Vive Dieu! s'en
« prendre à mon peuple, c'est s'en prendre à
« moi. »

L'activité était sa passion dominante. Le duc
de Parme disait que les autres généraux faisaient
la guerre en sangliers, mais que lui la faisait
en aigle.

Il dit un jour ces paroles mémorables et pleines
d'un grand sens : « Les rois doivent avoir pour
« Dieu un cœur d'enfant et pour leurs sujets un
« cœur de père. »

Un grand nombre de poètes et d'orateurs ont

écrit l'éloge de Henri IV, mais rien ne le fait mieux que ce qui arriva au moment de sa mort. La France entière parut plongée dans le deuil, le commerce fut suspendu, les travaux de toutes espèces cessèrent, les gens de la campagne se transportèrent par groupes sur les grands chemins pour avoir des nouvelles, et quand ils ne purent plus douter de leur malheur, ils s'écrièrent en sanglotant : « Nous avons perdu notre père ! » Ils lui rendaient ainsi en regrets la tendresse qu'il avait toujours montrée pour cette partie précieuse de ses sujets.

Ce bon prince s'entretenait volontiers avec eux, s'informait du prix des denrées, de leurs gains, de leurs pertes, de leurs ressources. Quelques-uns blâmaient cette popularité. « Je voudrais, répon-
« dit-il, connaître toutes les peines des pauvres
« gens et pouvoir les secourir. »

XXIX. — 1610, régna 33 ans.

LOUIS XIII, surnommé *le Juste*. — L'événement le plus remarquable de son règne fut la prise de la Rochelle, dernier boulevart de l'insolence des huguenots. Les vues de Louis XIII étaient droites, son esprit sage et éclairé, ses mœurs pures ; il affermit le trône et prépara les merveilles du règne de Louis XIV. C'est sous son règne que l'Artois et le Roussillon furent réunis à la France.

XXX. — 1643, régna 72 ans.

Louis XIV dit *le Grand*. — Mazarin avait dit de ce prince au maréchal de Grammont : « Il y a en lui de l'étoffe pour faire quatre rois et un honnête homme. » Et cette parole se trouva une vérité. Un volume ne suffirait à raconter toutes ses campagnes et toutes ses conquêtes. Il agrandit la France de la Flandre, de l'Alsace, de la Franche-Comté, du Nivernais, la fit respecter de l'étranger, dicta ses lois à l'Europe. La postérité admirera toujours dans son gouvernement une conduite ferme, noble et suivie, et dans sa cour le modèle de la politesse, du bon goût et de la grandeur. Il gouverna ses ministres, loin d'en être gouverné. Pour lui plaire, il fallait être homme de bien, bon père, bon maître, toujours décent en public, laborieux dans le cabinet, exact dans les affaires, pensant juste, parlant bien, et aimable avec dignité. Plusieurs de ses reparties ont été recueillies.

Le marquis de Marivaux, officier général, homme un peu brusque, avait perdu un bras dans une action et se plaignait au roi qui l'avait récompensé autant qu'on pouvait le faire pour un bras cassé : « Je voudrais avoir perdu aussi l'autre, et ne plus servir votre majesté, dit-il. — J'en serais bien fâché pour vous et pour moi, répondit le roi. »

Le prince de Condé étant venu le saluer après le gain d'une bataille, le roi se trouva sur le grand escalier, lorsque le prince, qui avait de la peine à monter à cause de sa goutte, s'écria : « Sire, je demande pardon à votre majesté si je la fais attendre. — Mon cousin, lui répondit le roi, ne vous pressez pas, on ne saurait marcher bien vite quand on est aussi chargé de laurier que vous l'êtes. »

Le maréchal du Plessis, qui ne put faire la campagne de 1692 à cause de son grand âge, ayant dit au roi qu'il portait envie à ses enfants qui avaient l'honneur de le servir; que, pour lui, il souhaitait la mort, puisqu'il ne lui était plus propre à rien. Le roi lui dit en l'embrassant : « Monsieur le maréchal, on ne travaille que pour approcher de la réputation que vous avez acquise; il est agréable de se reposer après tant de victoires. »

Louis XIV calma les factions de son royaume, réforma et promulgua divers codes, fonda plusieurs colonies, établit de nombreuses manufactures, créa la ville et le palais de Versailles, fit creuser le canal du Languedoc, embellit la capitale de beaux et utiles monuments, tels que l'Observatoire et l'Hôtel des Invalides, fonda plusieurs académies.

Louis XIV rechercha partout le mérite et le récompensa en roi. Il fut le protecteur et l'ami de Turenne, de Condé, de Villars, etc., des Duquesnes, des Jean-Bart, des Duguay-Trouin, des Corneille, des Raciné, des Boileau, des Molière, des Lafontaine, des Bossuet, des Fénelon, etc. etc. La marine, la peinture, l'éloquence, la poésie, les arts, il éclaira tout de son soleil. Le siècle de Louis XIV est le plus grand siècle de toute l'histoire.

XXXIII. — 1715, régna 59 ans.

Louis XV, dit *le Bien-Aimé*. — Les sciences ont été encouragées sous son règne, qui fut aussi malheureusement celui des philosophes et des mœurs corrompues. Louis était un prince brave, humain, aimable, et à qui il n'a manqué que la chasteté de Louis XIII pour être un grand homme. On lui doit la conquête de Corse.

XXXIV. — 1774, régna 19 ans.

Louis XVI, dit *le Juste*, dit *le Martyr*. — Me voilà arrivé à un prince dont tout le mode connaît l'histoire. Ses ingrats sujets, ou plutôt des révolutionnaires aussi ennemis de sa personne royale que de la France, le punirent par l'échafaud d'avoir donné la liberté à l'Amérique et à son pays. Des écrivains scélérats ont cherché en vain à flétrir sa mémoire. La postérité l'a jugé comme le meilleur des hommes.

XXXV. — 1793.

Louis XVII. — Mort martyr à dix ans dans la tour du Temple. Ange maintenant au ciel.

XXXVI. — 1793, régna 31 ans.

Louis XVIII. — On lui doit la promulgation de la Charte et la réparation des maux et de la ruine de la France causée par deux invasions.

XXXVII. — 1824, régna 6 ans.

Charles X. — Ce roi a donné Alger à la France. Cela dit tout, et pour l'en récompenser on l'envoya mourir en exil !

Je me résume. On peut être assurément bon républicain, mais se dire patriote et ennemi de la famille de nos anciens rois est la plus stupide, la plus monstrueuse des absurdités ; mais le voleur ne parle-t-il pas à tout propos de sa probité, et cela pour donner le change et mieux exploiter ceux qui l'écoutent ? Il en est de même de la plupart de ceux qui se disent patriotes, et je m'engage à prouver que pas *un seul* des ennemis de notre vieille royauté n'a droit au titre qu'il usurpe ; ils savent trop, les vrais amis, les amis éclairés de leur pays, ce que la nation doit de reconnaissance à l'illustre dynastie qui la gouverna depuis tant de siècles, pour refuser à cette famille si française l'hommage de leur respect et le culte de leur reconnaissance.

Sans cette royale famille, où serait votre patrie, ennemis des Bourbons? Vous ne seriez pas Français! *Patriotes* Alsaciens, vous seriez Allemands et soumis à la Prusse; vous autres, vous seriez sujets des ducs de Lorraine ; et vous, patriotes Flamands, vous seriez sujets du souverain des Pays-Bas. Enfin, pour confondre ces soi disant patriotes, pour démontrer leur mauvaise foi et éclairer les honnêtes qui ne sont qu'égarés, nous croyons avoir établi que si la France est la première puissance du monde, c'est grâce au courageux dévouement, à cet instinct si éminemment national qui a toujours distingué nos rois.

Alger 1830. — Un repaire de forbans depuis plusieurs siècles rançonne l'Europe ; ces barbares ennemis de la liberté semblent nous défier ; les plus grands empires ont tenté à diverses reprises de punir ces pirates, tous ont échoué ; Charles X a résolu de détruire l'esclavage des Français et des peuples ses alliés détenus dans les fers africains.

Malgré l'Angleterre, une armée française ayant à sa tête le général Bourmont, s'empare de l'Afrique après plusieurs batailles sanglantes ; un des fils du vainqueur meurt en combattant pour la patrie. Toute l'Afrique dans l'admiration reconnaît la suzeraineté de la France. Ainsi se termine la série des conquêtes des Français.

Terminons ce travail par quelques lignes de Châteaubriand sur la grandeur de la maison de Bourbon. Voici comment le premier génie littéraire de ce temps, comment cet homme d'état illustre qui vient de descendre dans la tombe, s'exprimait sur la famille des rois de France :

« Quand il n'y aurait dans la France que cette maison de France dont la majesté étonne, dit M. de Châteaubriand, encore pourrions-nous, en fait de gloire, en remontrer à toutes les nations, et porter un défi à l'histoire.

Sujets avant d'être rois, les Bourbons moururent pour les Français avant que les Français mourussent pour eux : Pierre de Bourbon fut tué à la journée de Poitiers, Louis de Bourbon à celle d'Azincourt, François de Bourbon à celle de Sainte-Brigitte, Antoine de Bourbon au siége de Rouen. Les femmes de cette famille donnèrent de grands monarques à la France, en attendant le règne de la lignée masculine : Marguerite de Bourbon, duchesse de Savoie, fut l'aïeule de François Ier. Lorsque les Bourbons, alliés à plus de huit cents familles militaires, eurent reçu tout ce qu'il y avait d'héroïque dans le sang français, la Providence fit paraître Henri IV et les Condés.

« Les Capets régnaient lorsque tous les autres souverains de l'Europe étaient encore sujets. Les vassaux de nos rois sont devenus rois; les uns ont conquis l'Angleterre, les autres ont régné en Écosse; ceux-ci ont chassé les Sarrasins de l'Espagne et de l'Italie, ceux-là ont formé les états de Portugal, de Naples et de Sicile. La Navarre et la

Castille, les trônes de Léon et d'Aragon, les royaumes d'Arménie, de Constantinople et de Jérusalem, ont été occupés par des princes de sang capétien. En 1380 plus de quinze branches composant la maison de France, et cinq monarques de cette maison régnaient ensemble dans six monarchies diverses, sans compter un duc de Bretagne et un duc de Bourgogne.

« En tout, une seule famille a produit cent quatorze souverains : trente-six rois de France depuis Eudes jusqu'à Louis XVIII, vingt-deux rois de Portugal, onze rois de Naples et de Sicile, quatre rois de toutes les Espagnes et des Indes, trois rois de Hongrie, trois empereurs de Constantinople, trois rois de Navarre de la branche d'Évreux, et Antoine de la maison de Bourbon ; dix-sept ducs de Bourgogne de la première et de la seconde maison, douze ducs de Bretagne, deux ducs de Lorraine et de Bar. Il faut se représenter dans cette nation plutôt que dans cette famille de rois une foule de grands hommes, ces souverains nous ont transmis leurs noms avec des titres que la postérité a reconnus authentiques : les uns sont appelés *auguste, saint, pieux, grand, courtois, hardi, sage, victorieux, bien-aimé;* les autres *père du peuple, père des lettres.*

« Comme il est escrit par blâme, dit un vieil
« historien, que tous les bons roys seroient aisé-
« ment pourtraicts en un anneau, les mauvais roys
« de France y pourroient mieux, tant le nombre
« est petit. »

« Et cependant on a répété que la race royale des Bourbons n'avait pas le cœur français ! On a brisé et souillé ses armoiries comme anti-nationales ! Eh bien ! sait-on combien de fois les princes de cette race anti-nationale, anti-française, ont donné, non pas leur sang, mais leur vie pour l'honneur et la défense du pays? Sait-on combien de Bourbons sont morts, depuis saint Louis, en combattant les ennemis de la France? En voici le nombre : TRENTE-DEUX! Trente-deux princes de la maison de Bourbon qui ont été tués sur le champ de bataille!... six par siècle, un tous les seize ans. Qu'on nous fasse donc lire une histoire plus française que celle-ci, qu'on nous cite une famille au monde qui ait donné plus de gages éclatants de sa nationalité, et qui ait plus de droits qu'elle à l'estime et à la vénération des Français! »

Après de si belles paroles, après de si magnifiques témoignages, les honnêtes gens, les vrais patriotes, les bons Français peuvent estimer ce que valent les injures, les blasphèmes et les calomnies de chétifs journalistes, de pamphlétaires tarés, de révolutionnaires ignobles. Ces gens-là ne sont pas des juges, ce sont des ennemis des gloires françaises.

Vive la République! Si ce mode de gouvernement doit nous régir au 19ᵉ siècle !

Vivent les rois de France, qui du fond de leur tombe nous racontent tout ce qu'ils ont fait pour la grandeur et la prospérité de la France !

***

DÉCADENCE DE LA FRANCE.

Pour estimer au juste ce que la France a perdu à la chute du trône des Bourbons, il suffit de considérer un seul moment le tableau que présente son histoire de 1793 à 1800. D'abord ce fut une banqueroute de 24 milliards qui vint frapper d'une ruine presque complète, non seulement les nobles, mais la bourgeoisie, non seulement les riches, mais les pauvres mêmes. Pour couronner cette misère générale, partout l'échafaud fut dressé et demeura en permanence; le sang coula à flots: c'était le règne du démon de la destruction étrangère et de la guerre civile.

Après la terreur révolutionnaire, l'empire, qui ne fut lui-même qu'une terreur recouverte du manteau doré d'un despote. Napoléon arracha la France aux politiques de l'école de Robespierre, mais ce ne fut que pour la courber pantelante sous son sabre. Tant qu'il eut le pouvoir, il ne cessa de nous ruiner en hommes et en argent: la guerre d'Espagne seule coûta 600,000 Français, et nous nous trouvâmes finalement redevables de deux milliards à l'Europe quand l'étranger, attiré par les folies du conquérant, vint camper au milieu de nos campagnes.

La France respira un instant sous les règnes de Louis XVIII et de Charles X; elle se releva plus puissante que jamais, mais elle devait recommencer sa carrière de misère après la révolution de 1830: on sait tout ce que le règne de l'usurpation nous a valu de honte.

Aujourd'hui, sous la république, sa décadence semble vouloir se compléter, et l'on peut lui prédire qu'elle est perdue si un pouvoir fort et moral ne parvient promptement à vaincre les idées révolutionnaires que de funestes esprits ont semées parmi le peuple; si, d'une main puissante, il ne se hâte pas de mettre les scellés sur la porte de tous les clubs.

FIN.

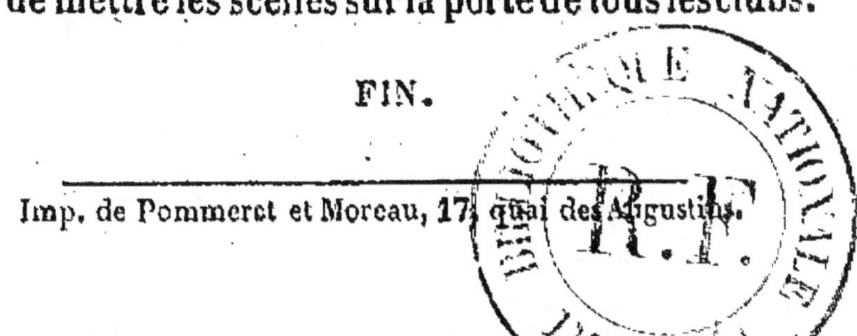

Imp. de Pommeret et Moreau, 17, quai des Augustins.